Unsaid feelings

Firdos Tarannum

ISBN 978-93-5610-487-7

Published in India 2022 by Pencil

A brand of
One Point Six Technologies Pvt. Ltd.
123, Building J2, Shram Seva Premises,
Wadala Truck Terminal, Wadala (E)
Mumbai 400037, Maharashtra, INDIA
E connect@thepencilapp.com
W www.thepencilapp.com

Author biography

Firdos Tarannum is a teacher , with a degree in bachelor of science.
She completed her school education in holy family school of Sindhanur, and completed her science field education in a renowned college called smj pu college, sindhanur.

Firdos Tarannum always admired of educating herself and others around her , she lived her life to the fullest before marriage and Alhamdulillah her every dream of educating the children completed.
She taught some religious topics to the students of an islamic school where her parents studied which was a stepping stone of her teaching field, she completed the degree and started teaching in the same year immersing herself into two different roles everyday.
She also gave tuition classes for the kids and also actively participated in courses of Islamic organisation held every week and ten days in summer months
She also served as a science teacher in her own learned school for a year , which was a proud moment for her teacher seeing their student sitting with them on the same post at such an early stage.
Lockdown throughout the world stopped the teaching of many teachers and one among them was firdos too.

She completed her degree on the other hand successfully just before lockdown.
During the times of lockdown she used them in a good way by handling around motivational or councilling sessions as her second dream is to help people with her words which have an immense effect on one's mind as people are often get themselves in depression and stress.

She got married and gave birth to a wonderful son in a year of marriage itself Alhamdulillah. But this didn't stop her from completing her dreams.
Tarannum is a housewife and a mother, who recently inspired herself to write the books after finding her love towards studies, she loved reading and was always appreciated for her work either for her teaching of 3 years or a councilling sessions.With her support of her spouse she now balances her work,child and book writing.
Her only dream is to educate her child first about the religion, then to try have a weekend class for neighborhood children and often conduct workshop for dealing with mental health. At the same time , keeping herself educated and learn something everyday and teach something often so that this journey of her is continued by her children in sha Allah.
If one loves something truly then it is the sole responsibility of oneself to take care of surroundings and their talent as well while fulfilling all their responsibilities

CONTENTS

Preface

This book is a collection of poems written by the author in her teenage years.
this book is a combination of all the feelings which usually one goes through and fails to describe oneself through words. The author has tried the best to put up her life's situations into words which she usually reads in order to feel them again.
it completely connects the reader as the everyday sitautions or events are put together into words.

AY VAQT

Ay vaqt tu keu hai tham sa gaya

ya phir tu chalraha bus muje na ho pata
Tu bus chaleja jaise hai har roz jaata
Na lout ke ga aur yun na sataa

Hai padhayi aur kaam bhi hazaro hai
par na na kar raha hai dil keu mera hai
Aye zindagi kis mood par tu jaarahi muje bata
Quda ki kya marzi ye muje bhi hai na pata

Bus chalrahi hoo ummeed se
Kahi to kuch miljaaye
Thakti nahi tu keu ye aye zindagi
baat dil ko hai sataye
To mujpar hai beetraha
vo kisi ko keu na kehpaye,
shayad koi sunna nahi chahta
ya bus hum hi nahi kehpaye..

Baat be baat hazar bate hui
baat bevajah bus bigadti gayi.
kami rehgayi thi shayad lafzo me
bin tere hamari ab har raat hui

Tujko paana sapna tha mera
Tujko apna maana faisla tha mera
ke tune sach kardiya sapne koo
Tere pyaar par bus haq hai mera

Sochta raha hai dil ye kabse
Ke jis tarah tu samaj tha muje
Koi aur Keu ye kar nahi sakta
shayad ye dil hi itna ziddi hai ke
tera ye haq kisi ko denahi sakta

Jagah aaj khaali hai teri
Jo tune lamho se thi savari
baatein jo kee humne dher saari
vo aaj bhi hai adhuri

Tere jaate hi khushiya itni aayi
laga ke batadun ek dafaa tuje
Ke khush hun mai ab bin tere
lekin na tu aaya na teri yaad aayi

Do pal ka vo dekhna tujko
kehrahi thi baate hazaar
rokne ki zabardasti karne
ki koshish kee humne beshumar
phir jab nazre tuune milaayi

To jaane diya keu humko
Sambhalna mushkil thi vo ghadi
jab duur kardiya khudko

Dekkar tujko sukun vo kaisa
ke nazre milane ki himmat na hui
Duur ki nazar ka haale-dil kaisa
Ke bin tuje dhunde koi nazar na hui
Har pal ko rokne ki koshish vo kaisa
ke baate the hazaar phir b baat na hui

kehdiya yaad nahi hai
tuje sataya nahi
man nahi maana
isliye bataaya nahi
bola dil rakhne ke liye
ke tune rulaya nahi
mat samaj ke bhulgaye
agar jataaya nahi

chup hun par baatein hai dher sari
koshish se shayad nahi aane vaali vo yaari
Zindagi ne to jeet liya par mai khudko thi haari

Haath me hota to
un lamho ko rok lete
par кya кare zid teri thi
isliye haath chod diya

pata tha ke khubsurat raste par Kaante b hote hai
phir bhu Qadam badaya us rah par
Keuki vaha haseen mulakatein bhi hoti hai

log aayenge hazaar anjan bankar
badenge aage pal bhar ka hissa bankar Sambhalkar karo jo bhi tum
ke vo rehjati hai unme chaap bankar

Aadatein tumari asar hai zindagi ka
bayan e-halat hai tumare apne ka
Kadam tum apne phuk phuk kar rakhna
ke mustaqbil bana rahe ho aulado ka

Do pal se zyada jab vaqt bitaya
un logo ke saath, Jo muskura rahe the
vo chehra haste haste roo bhi pada
bayan kar rahe the vo musibat ta pitara.

Ehsaas na kar mustaqbil ke dar ka
Naa maazi ke tijori ko sambhal ka rakh
mazi to bus kitab hai seekhne Ki
vaqt hai to bus lamho to khulke jene ki

Ro mat uspar jo
tune hai kho chuka
Tu sab kuch apna uspar lutakar bhi
usko vaapas laa nahi sakta

Dar jo bahar na nikle hai tera
vaqt ke saath vo bus hota hai gehra
kuch nahi karta sivaye tuje tanha
vaqt se pehle ise phenkde utarkar
varna dukh se jeeyega har lamha

•

Baato ka bhi ajeeb karishma hai
mohobbat se karo to
parayo ko apna leta hai
kadvahat se karo to
apno ko bhi paraya karta hai

Baatein hai hazar
phir bhi dishvar
Tere alava humko sab lage bekaar
Dekhu mai tujko hoke nihaar
par ansuni hai hamari har pukar

Teri baatein ko halka na samajh ke vo kisi ki zindagi bana sakti Hai
vahi baatein ka gurur ye bhi hai ke vo kisi ko barbad kar deti hai

Tere Se judi har cheez aaj saath hai
par lagti ajeeb keu ye baat hai
Ke kya srif saath bitaya waqt
Khaas hai
Keuki aaj na vaqt hai aur na tu saath hai.

Gam tera mujpar aisa chadraha hai ke teri
parchayi har apne me dhund raha hai
Teri yaad me dil aisa behraha hai
ke aage badkar phir tuut ne se dar raha hai

Har cheez jo teri thi
Tu vo leke lout chala hai
Par in aansuo ka kya
Jo tera naam leraha hai

Hamari har cheez us din srif tere hui
Tu apna sametkar sabkuch tha jaraha
leja in ansuo ko bhi jo tere hai diye
ke vo na ruk rahe hai na hai behraha

Dard bhare aansuo ko behne de
Aaj apne gham to kehne de
Na dil ko aur ab tu sehne de
Is jaan ko bejan na banne de

Mai rakhti rahi jhuthi muskurahat
par meri nazre sach kehte rahe
Sachayi hai ke ab hogi nahi baat
par hum aaj bh jhuti tasalli hai de rahe

Aaj sapne achanak sare hogaye pure
To dil khushi ka naatak karne laga
Kambaqt hamari galti ye thi ke sapne dikhane vaala hi akela chod gaya

Mante hai galti hamari thi
par srif hamari ye hum nahi mante
jis shakl ko aaj bade ghour se dektha
vo tum hi the ye hum nahi maante

ye jo nazro ka khel ka maza tha
us Khel ke khiladi the tum
Zindagi ke khubsurat lamho se bhari
Ek Pyari Si kitaab the tum

Maana ki galti hamari thi
par puuri galti meri ye kaise manlu?

Vo nazar jo pal do pal ke liye zinda rahi
us beruqi nazar ko kaise mai apnaalu

Jo nazre milane ke liye tadap uthte the
Aaj vahi nazre anjaan sa lagraha hai
Jo baate ghanto bhar khatm nai hote the, Aaj haal chaal bhi na puch paa rahe hai.
Jo kadam khushi se tere ore badte the,
Aaj vahi jaane keu ladkhada rahe hai. Talash thi tujh jaisa kisi ko thi pane ki
par na tu khud, na aap jaise milrahe hai

Duniya ne girane ki bohot koshish ki
par khuda ne hamesha hath tham liya
par jab uthkar maine gurur kiya
Tab duniya ne meri aukaat dikhayi

This poem is a feeling of sadness when one feels while every daily chores feels difficult when something goes wrong. one feels hurt while moving on from the pain or scars.

NAZARIYA BADAL

Bus nazariya badal ke to dekh
Insan ko insan ki tarah to dekh

Badlegi duniya aur vo mausam sare
Na Ruk ab tu beruqi ke kinaarie
logo ko samajkar apnaa kar to dekh
insan ko insan ki tarah to dekh

Teri tarah vo bhi mushkil se ghire hai
Kabi roye to kabi zoro se hase hai
Tu hi nahi insaan akela ye to dekh
insan ko insan ki tarah to dekh

Rang dhang insaan ka badalta to nahi
musibat aur halat insan me faraq karta to nahi
ye farq tujhe bhi mitana aata keu nahi
insan to insan ki tarah dekta keu nahi...

IT is a combination of words with a feeling of motivation for the reader to stop the discrimination among each other. as the situations does not differentiate among others so we should also avoid doing so. as the life is one so are the feelings of respect.

RONA

Kabhi imaan ko dard dene par Aata hai Rona
To junuun se bhi insaan to Aata hai rona

Aksar khushi me bhi humko Aate hai aansu
To dar va gabrahat se bhi aata hai Rona
Dikhave ke bhi liye kabhi insan Roo bhi deta
sharabi apne nashe me Roo hi deta hai.

Behtar rona to vo iman ka rona hai
Jisme khuda ke Qouf se ansu nikla hoo
Hum sab bando ko vaisa banna hai
ke khuda ke naam se hi rona aata hoo.

the feeling of crying is not usually because of the pain but this poem show cases the all right and different reasons one cries for.

DARR

Ay insaan dar hai tuje andhere se
ya is Zindagi se mile haar se
Do pal ke andhere se koi tuje bacha bhi le
koun bachayega tuje qabar ke andhere
Kya ab bhi dar hai tuje andhere se

keu dar hai tuje apne raaz Se
Ya raaz ke peeche chupe gunah se
Raaz se milni tuje duniya me bezati hai
par gunah se kya to aaqirat me tu jahannami hai
Kya ab bhi dar hai tuje apne raaz se?

Dar tuje hai beemari se
ya beemari ke peeche chupi us mout se
Maut ka aana to laazmi hai
Aaj kisi aur ko, to Kal tujh hi ko hai
Kya ab bhi dar hai tuje beemari se

humans fear while being alive about all the trials and difficulties . this poem reminds the reader to stop worrying about the world and start to worry about the hereafter.

HIMMAT

Itna keu himmat badayi, meri
Ke mai akele hi ladsaku
Aaj koi nahi bus yaade hai saari
ke loutkar kabi na mai aasāku

vaqt aur zindagi dono hai badgaye
lekin aaj bhi mai vahi huu keu Khadi
kuch lamhe ya sab ke saath guzre
yaad aakar jaise saza derahi badi

Itna bhi bharosa mujh par mat kar
itnq boj nai laadsakti Khud par
ladna to sikhagaye sab milkar
chodkar tanha dekha bhi na mudkar

Barsaat se zyaada naina ne bhigaya
Lambo ko qaid rakhna sikhaaya
Har mushkil me himmat na haarna
Mere saath ladne ke liye rehna

Tasveer me the shayad aaqri baar
Dekhu mai har baar hoke nihaar
Moti saare jaise ek dhage me piroya
sab ka ek chath aur ek hi tha saaya

Baat se pehle na soch thi
Mulakat se pehle na koi raat
Pehle zindagi me kuch baat thi
Aaj na mazaaq hai na koi saath.

the humans are support system of each other. when one fails to get support the other feels sad for not getting enough encouragement. this poem describes the words of the one feeling discouraged.

QATAL

Haal to socho ay logo unka
Aulad ko khaye dukh ka
kisi ne budhape me mout ko chakha
to kisi ne javani me apna jaan hai gavya
bachpana jisne na jeeya na dekha
tu ne use b mout ke kuve me pheka
soch unka jisne baap ka saaya khoya
Jisne maa ke dulaar ko na paaya
bhy behen ko bhi tuune na baqsha
Baccho ko to mitti me khelne hai dete
Tune to unko hi mitti me milaaya
Ghar saaya hai har parivaar ka
Tune to use bhi ukhaad ke pheka
Tune to himmat badi hai paay!

keu Tuje rehem kisi ne na sikhayi
Galiyo me to kilkari hum sunte hai
Aaj tune goliyo ki dahad bhi sunayi,
kaha se itni hammat hai paayi
Maa ki baddua bhi tuje rok na paayi
Ruk jaa ab to khuda ke vaaste
muje hai pyare mere saare bhy
Mout ko duniya me sabko ayegi
Tuu bhi chakega mout ta mazaa
kaatega tu bhi dosaq ki saza

Ye Jannat me honge katl kiya tune jiska
phir tu lega fariyad aur madad kiska

this poe,m is for the one who kills the other people for all the negative reasons. it is a warning of the hereafter to the murderer that he will find no escape fromthe almighty after his death.

TEACHERS

Jab hosh bhi na tha jab se
mai school jati hun tab se
pehle to darti roti ghabrati unse
dhere se likhna sikhaya kalam se

phir hone lagi school se mohobbat
maar bhi padhi jab karte the shararat
Har namuna hota tha class me
par teacher rehte sab ke saath me
Hum un ke liye shyd kuch na karpaye
par aaj bhi hai vo apna zimma nibhaye

unhone hume Qud ka naam likhna sikhaya
Humne unka bura naam rakhe vaqt bitaya
vo hamari har harkat ko nazar andaz Karte par
aaj bhi hum unki nakal karna na chodte

Jo Aaj tak unhone ne muje sikhaya
usko mera dil na ab tak bhula paaya
Aaj bhi ye mere teacher hai
mere zaban ne faqar se hai keḥ el vaaya

this poem is about the teachers who build not only teaching but also instills character building quality which akes a student a human.

MAA

sabse pyaara mera ghar kaise
Rahu ise mai kaise chodkar
kisi ghar me hai na baat yaha jaisi
Mera ghar me mile sukun ye kaise

subah se shaam hojaaye kaisa
Duniya ye meri ek Qvaab haseen sa
Har baat par ladayi, Jhagda rona
pal bhar me daatna phir manana
lagta hai har ghar ka haal ye aisa
Meri zindagi ka ye Qubsurat hissa

bade chote na hote kabhi naraz
Gussa thuke ya nikaale betahash
kaam karna yaha koi na chahe
phir bhi pyaar kare khol ke baahe
Baat baat par behes mazaq aur hasi
Dua yahi ke kabhi na khoye ye Khushi.

maa tu kitni pyari hai
sab ka tu hai qayal kitna rakti hai
meee Janm par tune dard hai saha
Aaj bhi tuje dard ke alava kuch na diya
teri burayi dil ne laakho baar hai kahi
par tere alava mera koi aur hai hi nahi

Meri tabiyat Qarab hoo to tu mujko uthne nahi deti
Teri tabiyat Qarab hoo, to he khudko thakne nahi deti

Aap ne muje har cheez ki azaadi dee
par is dil ne aapki rulaayi hi kee
Aap Jab rote hoo to dil sehem jata hai
Na chahka bhi dil Qud to de jata hai,
Javani ka ye Kaisa mera Hosh hai
Maa ki naaqadri ka ye kaisa josh hai

Tere mamta, pyaar dular ne muje jeena sikhaya
Har mushkil me tere good me sona sikhaaya
Zindagi me har cheez ki izzat sikhayi hai
par teri izzat to mai hun bhulayi

Aye maa! Tu jannat hai meri
Tu mujse kabi naraz na hona
kya muu lekar rab ke paas jaye beti ye teri
Jisne apne maa ko diya srif takleef aur Rona.

this poem is for a mother who gives her life for children and also describes the feeling of child who neglects the feelings of mother. and atlast the child feels bad for the behaviour and makes sure not to repeat it anymore.

BACCHA

Muje banado vaapas ek baccha
Jo hota hai bada masum aur saccha

koi iski burayi na karta
iske saath vaqt bitana hai chahte
uski ek hasi pe sab hai marte
Fikr aur dhekbaal jee jaan se karte

Hum bhi un sang chote hai banjate
Zindagi ka dukh bhi yaad na aate
Jab hota hai koi bhi chota saath
muskurahat aaye bhule saari baat

Zindagi aaj har mood par hai rulaati
chalakar hume bohot hai thakati
Nanhe the to vo bilkul na satati
Aaj jaise har cheez par badla hai leti

Har vaqt kitna Jaldi hai guzar jata
bacche the kabhi aaj javahi hai satata
muje vaapas se mera bachpan loutado
To girne par bhi, utkar tha muskurata

it is a point of feelingwhen everyine feels at a point to

go back and be a child who is free from all the failure and fears of being rejected.

TAKLEEF

Maa baap ko takleef me dekh kar
keu hoti nahi, tume takleef
unke ansuyo ko bhi dekh kar
Keu hoti nahi, tume takleef
Tabiyat ko unke naazas paakar
keu hoti nahi, tume takleef
Tum hissa nahi, Jaan ho unki
phir takleef unki, to galti hai kiski.
Tumari tabiyat jab bigad jaaye
to unki Jaan muu tak aaye
phir kaise budhape ke is takleef ko
Tum pehchan kar samaj na paaye

ek jannat to duja hai darvaza
Qidmat kar unki aur khol le tala
Chaabi vo jo jannat ko lejaye
Agar maa baap to Pyaar se rhijaye
Quda sab ke maa baap ko jannat aata kare
Maa baap ke har aulad ko sabr ataa kare
ke apne maa baap to takleef na pohchaye
Taake ajr duniya aur aaqirat me milpaye.

it is an **advice to the reader to understand the pain of parents who are old and to take care of their basic necssities.**

DOSTI

kya hoti hai dosti, jo sab ke saath nibhati
Hoti hai to ehsaas tak nahi dilaati
Na khud ke hone ka gurur hai karti
Jab duur hai khud se vo chali jaati
To chup chaap yaado se bhiga ha deti

Jab pareshani aayi zindagi me
Tu hai mera saath, bolne vaali dosti
Akele nahi sabko saath lekar
museebat me daalti hai dosti
ladayi jhagda maar peet hi sahi
daraar keu daalti hai dosti
Aur Jab duur vo chali Jaye
To ruuth kar vaapas na aati hai dosti

Nibhana aasan dikhati hai
ye sambhalna mushkil kar deti hai dosti Kaash tu ehsaas hi dilaa deti
To aaj yuu na rulaati dosti
Zindagi bhar ka vaada dekar
srif yaade rakh kar chaligayi dosti.

this poem is for the one who values the friendship more.

RISHTEDAARI

Samaj nahi aati muje rishtedaari
bus aat hai bhasha dosti ki

Hoti aaqir hai kya ye rishte daari
Maine to bus jeeya hai dosti aur yaari
Nibhari huu sab, par palle padhti nahi
Tabi to pisti huu ke Kya galat hai aur sahi
Mai nahi Janti kya hoti hai rishtedari
Muje to bus sukun deti hai yaari

yaari nahi, hai ab hai srif rishtedari
seekhna hai ab karne ki kadar daari
kabhi kuch to kabhi kuch bankar sochna
Marte dum tak inhi ko hai ab nibhana hai
sab kuch saath lekar chalne ki himmat dena
Kabhi sabr, himmat to kabhi dard hai sehna,
phir bhi shiddat se inshallah nibhana.

this poem is for the one wh values the relationships of life much more than himself but fails to understand it.

MUSALMAAN

Muslim hai hum, haivaan nahi
eeman alag hai, khoon nahi
vahi insan hai jo hum bhi to hoo
magar tum ye samajte keu nahi

aaqirat par eeman hai aatank par nahi
islam mera deen hai, koi gunah nahi
Mout hai hume, hum mante hai ye
phir ise katl kar keu ye sabit karte hoo
Hume markar tum to Qud kaatil bante hoo Phir keu isme hume doshi tehrate hoo

Marte dum tak islam par khade rahenge hum
Musalmaan ka saath hamesha denge hum.
vo mera bhy hai koi gunehgaar nahe
islam mera deen hai koi gunah to nahi, Sambhalj ao tum bhi qayamat nazdeek hai
Hum sab ki khuda se mulakaat hai
Maanglo maafi gunaho ki abhi vaqt baaki hai
Saans chalne tak maafi ka mouka hai

this is an advise t the people to stop the killing the innocent ones.

BADLAAV

vaqt me badlav, mehsus hota hai
Sab apna tha ab begana lagta hai
Har cheez ka rang badla lagta hai
Jab ghar ko mayka kaha jata hai

chodkar jaao kaise apni yadein yaha
badal dun kaise apni adaten vaha
kaise sabko vaha apha maanlun
Kaise sabkuch chodkar chalejau vaha

pura karme dena nahi To sapne dikhate keu hoo
Jab kuch hona nahi To ummeed dilate keu hoo.
Ek raaste tak saath hibhate rahe ho keu
Ab kisi aur ke saath Tanha chodrahe ho keu

Jab jaan chuke hoo ke chodjaana hai
Phir bhi sapne dekhna ka to shouq puraana hai
Mehnat Aaj bhi un sapno ke liye karna
Pure ummeed hoo ne se rehna hai

Ladki hi chodjaaye ye reet hai keu
Sehen lu sab kya mai itni mazbut hun
Ghar se lekar insan ka badlaav keu hai
Ya rab, tu bata kaise tanha vaha rahun?

this poem is a feeling of a girl who is getting married and faces a hard time to accept the reality to shift herself and all her life to a new home.

GALTI

Galti har insan se hoti har par
pachtava hota na kisi ko
Galti to anjane me hoti hai
Janbuj kar to gunah hota har

Jang ke bare me har koi nahi janta
par veer vahi jo khud se hai ladta
Haar Jeet to Qud par nirbhar hai
veer vahi, jo nafs par kaabu paata

Har galti se kuch seekhna Jaano
Galti to pehle apna maano
baar baar galti jo hai dohraata
vo bada sa hai gunaah banjata
maafi manglo galti hone par
Galtiko lena sikho sar par
Maaf karna seekho har kisi ko
Keuki pachtava hota na har kisi ko hai.

this poem highlights the difference between a mistake, sin and repentance and advises the reader to stop making small mistakes thinking them as minor and making it a major sin without any repentance.

BHAY

Naaz hai muje us shaksiyat par
Jo deen ki raah me jaan gavata hai
Jo dar se kabhi Jhukaye na sar
vo mera bhy musalman kehlata hai
Mar eahe buude, Javaan aur bacche
kya srif yahi hai shahadat ke sacche
Aaj mera khuda sab ko aazma raha hai
kuch ko takleef aur kuch ko aaram deraha hai

yaad rakho, aazmaish hamari bhi hai
Jo mar rahe hai, vo hamare bhy bhi to hai
Kab tak bematlab ek dusre ka katl karoge
Jaan ke bhi anjano sa natak karoge
Madat na sahi, dua hi karle
us bhy-bhy ke rishte ko samajle
Keuki dua hi takdeer ko badal sakti hai
Tuje dosaq se jannat bhi leja sakti hai

this poem is an appreciation for the one who is strong and opposes the wrongdoings like killings and murders,

EHSAAS E DIL

Aaj ehsaas dil ne karaya hai
tune khudko bohot saraya hai
par man har me aaj bhi dar hai tere liye
ke kya mai kabil hun tere liye.

Tu zimmedariyo ke boj me duba haj
mai khule pani jaise hun bevaqt leher
kabil aur ehsaas se tu bhara hai
kahi mera ana laa na de keher

Ab to bus us vaqt ka hai intezaar
tuje dekne ke liye hai vaqt beshumar
Tere mere se honi ab zindagi hamari hai
aayenge naye shabd, judne ya koi nayi syahi hai.

this poem is for a spouse who is full of expectations for the life afer marriage.

TANHAYI

Lage jaise duniya horahi tere Qilaf hai,
dheere dheere maardalti mujko tanhayi hai
Aasan kaam ko bhi mushkil dikhati hai
Har roz ke kaam ko bhi, bada dikhati har
Hasna bhi badi baat, aisa keu sikhati hai

Guzra waqt aur lamhe ko yaad dilaati hai
Aaj ka na soch, guzre hue cheze satati hai
Logo ko chodkar akele rehna keu sikhati hai

Tu aise keu nahi aise baat kaat thi hai
Har kaam par muje bezaar dilaati hai
Har gham se ye srif bhagati hai
lekin mushkil se ladna ab Zaruri hai
Tanhayi ko yahi baat ab samjani hai.

this oem is is an unsaid feelings of a depressed person.

short poems

SHORT POEMS

Baat be baat hazar bate hui
baat bevajah bus bigadti gayi.
kami rehgayi thi shayad lafzo me
bin tere hamari ab har raat hui

Tujko paana sapna tha mera
Tujko apna maana faisla tha mera
ke tune sach kardiya sapne koo
Tere pyaar par bus haq hai mera

Sochta raha hai dil ye kabse
Ke jis tarah tu samaj tha muje
Koi aur Keu ye kar nahi sakta
shayad ye dil hi itna ziddi hai ke
tera ye haq kisi ko denahi sakta

Jagah aaj khaali hai teri
Jo tune lamho se thi savari

baatein jo kee humne dher saari
vo aaj bhi hai adhuri

Tere jaate hi khushiya itni aayi
laga ke batadun ek dafaa tuje
Ke khush hun mai ab bin tere
lekin na tu aaya na teri yaad aayi

Do pal ka vo dekhna tujko
kehrahi thi baate hazaar
rokne ki zabardasti karne
ki koshish kee humne beshumar
phir jab nazre tuune milaayi
To jaane diya keu humko
Sambhalna mushkil thi vo ghadi
jab duur kardiya khudko

Dekkar tujko sukun vo kaisa
ke nazre milane ki himmat na hui
Duur ki nazar ka haale-dil kaisa
Ke bin tuje dhunde koi nazar na hui
Har pal ko rokne ki koshish vo kaisa
ke baate the hazaar phir b baat na hui

kehdiya yaad nahi hai
tuje sataya nahi
man nahi maana
isliye bataaya nahi
bola dil rakhne ke liye
ke tune rulaya nahi
mat samaj ke bhulgaye
agar jataaya nahi

chup hun par baatein hai dher sari
koshish se shayad nahi aane vaali vo yaari
Zindagi ne to jeet liya par mai khudko thi haari

Haath me hota to
un lamho ko rok lete
par кya кare zid teri thi
isliye haath chod diya

pata tha ke khubsurat raste par Kaante b hote hai
phir bhu Qadam badaya us rah par
Keuki vaha haseen mulakatein bhi hoti hai

log aayenge hazaar anjan bankar
badenge aage pal bhar ka hissa bankar Sambhalkar karo jo bhi tum
ke vo rehjati hai unme chaap bankar

Aadatein tumari asar hai zindagi ka
bayan e-halat hai tumare apne ka
Kadam tum apne phuk phuk kar rakhna
ke mustaqbil bana rahe ho aulado ka

Do pal se zyada jab vaqt bitaya
un logo ke saath, Jo muskura rahe the
vo chehra haste haste roo bhi pada
bayan kar rahe the vo musibat ta pitara.

Ehsaas na kar mustaqbil ke dar ka
Naa maazi ke tijori ko sambhal ka rakh
mazi to bus kitab hai seekhne Ki
vaqt hai to bus lamho to khulke jene ki

Ro mat uspar jo
tune hai kho chuka

Tu sab kuch apna uspar lutakar bhi
usko vaapas laa nahi sakta

Dar jo bahar na nikle hai tera
vaqt ke saath vo bus hota hai gehra
kuch nahi karta sivaye tuje tanha
vaqt se pehle ise phenkde utarkar
varna dukh se jeeyega har lamha

Baato ka bhi ajeeb karishma hai
mohobbat se karo to
parayo ko apna leta hai
kadvahat se karo to
apno ko bhi paraya karta hai

Baatein hai hazar
phir bhi dishvar
Tere alava humko sab lage bekaar
Dekhu mai tujko hoke nihaar
par ansuni hai hamari har pukar

Teri baatein ko halka na samajh ke vo kisi ki zindagi bana sakti Hai
vahi baatein ka gurur ye bhi hai ke vo kisi ko barbad kar deti hai

Tere Se judi har cheez aaj saath hai
par lagti ajeeb keu ye baat hai
Ke kya srif saath bitaya waqt
Khaas hai
Keuki aaj na vaqt hai aur na tu saath hai.

Gam tera mujpar aisa chadraha hai ke teri
parchayi har apne me dhund raha hai
Teri yaad me dil aisa behraha hai
ke aage badkar phir tuut ne se dar raha hai

Har cheez jo teri thi
Tu vo leke lout chala hai
Par in aansuo ka kya
Jo tera naam leraha hai

Hamari har cheez us din srif tere hui
Tu apna sametkar sabkuch tha jaraha
leja in ansuo ko bhi jo tere hai diye
ke vo na ruk rahe hai na hai behraha

Dard bhare aansuo ko behne de
Aaj apne gham to kehne de
Na dil ko aur ab tu sehne de
Is jaan ko bejan na banne de

Mai rakhti rahi jhuthi muskurahat
par meri nazre sach kehte rahe
Sachayi hai ke ab hogi nahi baat
par hum aaj bh jhuti tasalli hai de rahe

Aaj sapne achanak sare hogaye pure
To dil khushi ka naatak karne laga
Kambaqt hamari galti ye thi ke sapne dikhane vaala hi akela chod gaya

Mante hai galti hamari thi
par srif hamari ye hum nahi mante
jis shakl ko aaj bade ghour se dektha
vo tum hi the ye hum nahi maante

ye jo nazro ka khel ka maza tha
us Khel ke khiladi the tum
Zindagi ke khubsurat lamho se bhari
Ek Pyari Si kitaab the tum

Maana ki galti hamari thi
par puuri galti meri ye kaise manlu?
Vo nazar jo pal do pal ke liye zinda rahi
us beruqi nazar ko kaise mai apnaalu

Jo nazre milane ke liye tadap uthte the
Aaj vahi nazre anjaan sa lagraha hai
Jo baate ghanto bhar khatm nai hote the, Aaj haal chaal bhi na puch paa rahe hai.
Jo kadam khushi se tere ore badte the,
Aaj vahi jaane keu ladkhada rahe hai. Talash thi tujh jaisa kisi ko thi pane ki
par na tu khud, na aap jaise milrahe hai

Duniya ne girane ki bohot koshish ki
par khuda ne hamesha hath tham liya
par jab uthkar maine gurur kiya
Tab duniya ne meri aukaat dikhayi

List of Contributors

The other books written by the author are-

GOLDEN ADVISE OF PARENTS

HALAL LOVE STORIES

RAMADAN a blessed month

10 gems of luqman

DEPRESSION

Notes

You can follow the author on social media as-

Nabi_e_ummah on Instagram
Or
Charge_ur_eemaan on Instagram
Or
www.firdosetarannum@gmail.com

www.ingramcontent.com/pod-product-compliance
Lightning Source LLC
La Vergne TN
LVHW050426160726
843469LV00041B/1250

* 9 7 8 9 3 5 6 1 0 4 8 7 7 *